Taharqa

Aníbal Barca

Mansa Musa

Joseph Cinqué

Njinga de Ndongo

Reina Amina

Phillis Wheatley

Dred Scott

Booker T. Washington

Edmonia Lewis

Elijah McCoy

Frances Harper

Nat Turner

Marcus Garvey

Para Deborah Wiles y Jim Pearce
—D. H.

Para los inspiradores jóvenes de Books 4 Buddies, en Holland, Ohio (*books4buddies.com*).
Gracias por promover la lectoescritura y forjar líderes jóvenes, un libro a la vez.
—D. T.

Carter lee el periódico

La vida de **Carter G. Woodson,** fundador del **Mes de la Historia Afroamericana**

Deborah Hopkinson

Ilustraciones de **Don Tate**

Traducción de **Isabel C. Mendoza**

VISTA

Harriet Tubman

A FEMALE CONDUCTOR OF THE UNDER-GROUND RAILROAD

Cada año, en febrero, celebramos el Mes de la Historia Afroamericana. Es una ocasión para rendir homenaje a héroes como Harriet Tubman, Rosa Parks y Martin Luther King, Jr.

Martin Luther King, Jr.

Rosa Parks

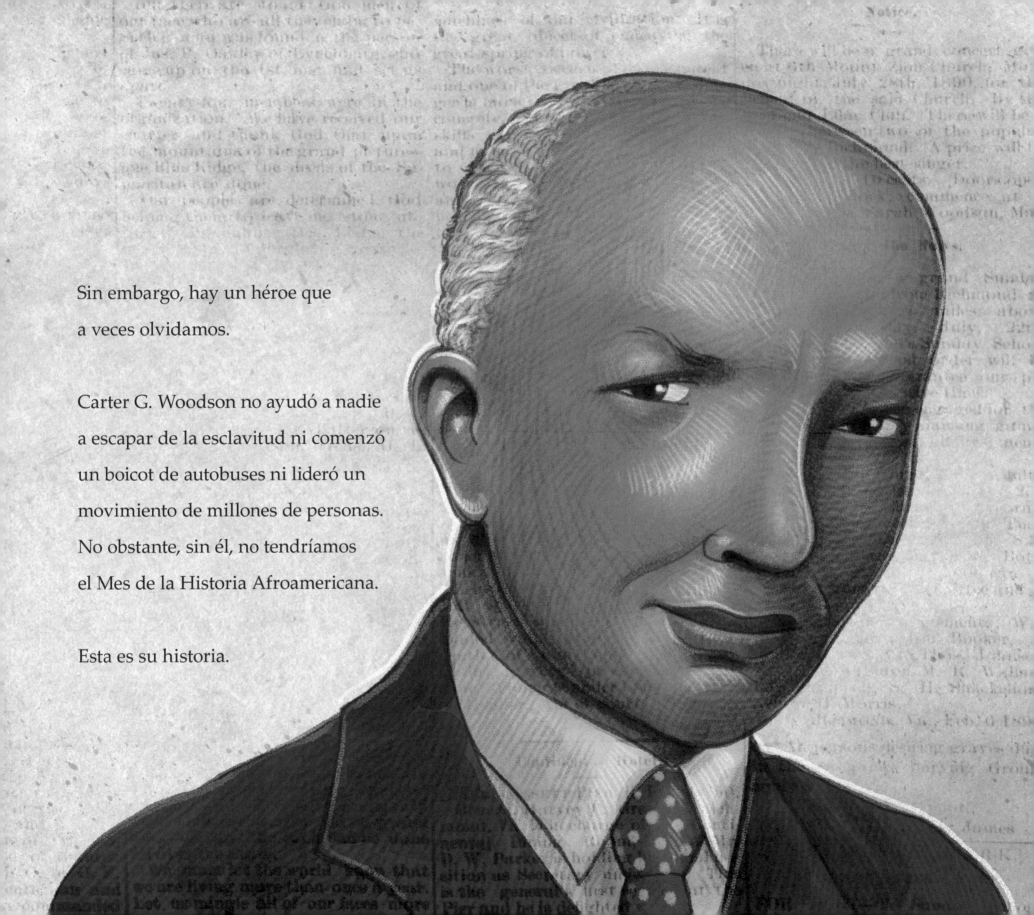

Sin embargo, hay un héroe que
a veces olvidamos.

Carter G. Woodson no ayudó a nadie
a escapar de la esclavitud ni comenzó
un boicot de autobuses ni lideró un
movimiento de millones de personas.
No obstante, sin él, no tendríamos
el Mes de la Historia Afroamericana.

Esta es su historia.

Carter nació en una pequeña granja de Virginia, en 1875, a diez años

de haberse finalizado la Guerra Civil. Sus padres, James Henry y Anne Eliza,

nacieron en la esclavitud, y Carter creció escuchando sus historias sobre aquella vida.

Relatos como esos no salían en los libros de historia, pero Carter los guardó

en su corazón.

James Henry había huido de su amo para unirse al Ejército de la Unión y luchar por la libertad.

Eran tiempos difíciles. Después de la guerra, James Henry trabajó en un ferrocarril, y ahorró lo suficiente para comprarse unos cuantos acres de tierra desgastada. En general, sus cultivos le producían cien dólares o menos cada año.

James Henry Woodson

9

Anne Eliza era increíblemente valiente. Cuando era niña, su amo decidió vender a su madre. Anne Eliza le pidió que mejor la vendiera a ella. Así, la madre no tendría que dejar a sus otros cinco hijos. Pero nadie ofreció suficiente dinero por Anne Eliza, de manera que el amo, en su lugar, vendió a su madre y a dos hermanos pequeños. Anne Eliza no los volvió a ver hasta después de la Guerra Civil.

Anne Eliza nunca olvidó el terror que sintió en el salón de subastas.

Anne Eliza Riddle Woodson

Los padres de Carter tuvieron dificultades para alimentar y vestir a sus siete hijos.

La comida escaseaba, especialmente durante el invierno y el comienzo de la primavera.

Carter era el menor, y una vez dijo: "Nos levantábamos de la mesa hambrientos,

y salíamos rumbo al bosque, a recolectar caquis".

Muchas veces, tuvo que meterse en la cama temprano los sábados en la noche para

que su madre pudiera lavar el único pantalón y la única camisa que tenía, y así llevarlos

limpios a la misa al día siguiente.

Carter solo podía asistir a la escuela cuatro meses al año. El resto del tiempo, tenía que ayudar con el trabajo de la granja.

La escuela no era el único lugar donde aprendía cosas. James Henry les enseñó a sus hijos a defenderse solos y a sentirse orgullosos de quienes eran. Cultivó en Carter la valentía para poder mirar a cualquiera a los ojos y decirle: "Soy igual a ti".

Además, aunque el padre de Carter no sabía leer ni escribir, creía en la importancia de ser un ciudadano informado.
Así que le pedía a Carter que le leyera el periódico.
Sin embargo, los periódicos no se conseguían fácilmente.
A veces, Carter le leía periódicos viejos que habían sido usados para envolver comida o paquetes.
La lectura del periódico le proporcionó a Carter el primer vistazo al mundo que estaba más allá de su entorno.

Carter anhelaba ir a la escuela secundaria,
pero su familia lo necesitaba para ganar dinero.

Cuando cumplió los quince años, se empleó en otras
granjas vecinas. Trabajaba largas jornadas bajo un sol
ardiente. También conducía una carreta de basura.

La secundaria iba a tener que esperar.

Su hermano mayor, Robert, encontró un trabajo bien remunerado en las minas de carbón de Virginia Occidental. Carter decidió ir a trabajar allí con él.

La minería era un trabajo duro para un muchacho que no había cumplido los diecisiete años. Era peligroso. Una vez, un trozo de pizarra se desprendió y le cayó encima.

Carter nunca olvidó el tiempo que pasó en las minas. Años después, dijo: "Soy un minero de carbón y puedo soportar cualquier cosa".

En ese lugar hostil, Carter conoció a un hombre llamado Oliver Jones. Tendrías que buscar mucho para encontrar el nombre de Oliver en los libros de historia. No obstante, Oliver hizo algo muy importante en aquel pequeño campamento minero del condado Fayette, en Virginia Occidental: cambió una vida que, a su vez, cambió muchas otras.

Oliver Jones

Al igual que el padre de Carter, Oliver era un veterano de la Guerra Civil que creía en la importancia de la educación.

Como todos los soldados que habían participado en la batalla de Appomattox, el último día de la Guerra Civil, Oliver había luchado por la libertad y la igualdad. "Todavía estaba dispuesto a seguir trabajando por la causa", dijo Carter.

19

Todas las noches, después de trabajar en las minas, Oliver abría

las puertas de su pequeña casa para que se reunieran los mineros.

Convirtió su casa en una sala de lectura, y la llenó de libros de

escritores afroamericanos y periódicos de todo el país. También

vendía helado y frutas a precios que los mineros podían pagar.

Al comienzo, Carter solo iba por la comida. Pero eso cambió. Según Carter, "cuando Oliver Jones se dio cuenta de que yo sabía leer, de inmediato me puso a informarles a él y sus amigos sobre lo que salía en los diarios".

Carter aceptó encantado. Le gustaba leer los periódicos. Además, como dijo después, "siempre me gustó comer cosas ricas".

Carter admiraba a Oliver. "Era un hombre muy educado, a pesar de que no sabía ni leer ni escribir", dijo. "Aprendía a través de otros".

Carter comenzó a aprender de la misma manera.

Carter añoraba volver a la escuela. La vida en la casa de Oliver terminó siendo otro tipo de escuela.

Siempre que Oliver y los otros mineros tenían preguntas sobre algo que Carter había leído en los periódicos, Carter tenía que encargarse de buscar las respuestas.

Si en las noticias salía un veterano de la Guerra Civil, Oliver quería saber todo acerca de ese hombre. "Yo tenía que buscarlo en los libros e informar a mis amigos sobre las batallas en las que había luchado", dijo Carter.

Si había preguntas sobre economía, política o una nueva ley, le correspondía a Carter buscar en los periódicos toda la información posible sobre el tema y explicársela a sus amigos.

Oliver y su círculo de hombres comprometidos con la libertad, la igualdad
y el conocimiento le sirvieron de inspiración a Carter. Eran hombres cuyas vidas
jamás aparecerían en los libros de historia.

De esta manera, comenzaron a crecer las semillas del trabajo al que Carter dedicaría
su vida. "Mi interés por comprender el pasado de mi gente creció muchísimo".

Carter trabajó en las minas durante tres años. Al cumplir los veinte, ingresó a la Escuela Secundaria Frederick Douglass, en Huntington, Virginia Occidental. Logró graduarse en tan solo dos años. Luego fue a la universidad y se convirtió en maestro. Siguió estudiando y trabajando; así obtuvo una maestría a los treinta y tres años de edad.

A los treinta y siete, Carter obtuvo un doctorado en historia en la Universidad de Harvard, convirtiéndose en el segundo afroamericano en alcanzar ese logro (el primero fue W. E. B. Du Bois).

Carter fue la primera y la única persona afroamericana nacida de padres esclavos en recibir un doctorado en historia.

Se cuenta que, en Harvard, uno de los profesores de Carter dijo que la gente negra no tenía historia.

Carter se acordó del orgullo de su padre, de la valentía de su madre y de la determinación de Oliver para aprender. Se acordó de cuando leía el periódico.

Carter dijo lo que pensaba: "No hay ninguna persona que no tenga historia". El profesor lo retó a demostrar que lo que él sostenía no era cierto.

A eso precisamente se dedicó Carter el resto de su vida.

En 1926, Carter instituyó la Semana de la Historia Negra (que más tarde se convirtió en el Mes de la Historia Afroamericana). Carter eligió la segunda semana de febrero en honor a Frederick Douglass y Abraham Lincoln, cuyos cumpleaños se celebran por esos días.

Hoy, toda nuestra nación celebra el Mes de la Historia Afroamericana, y honramos al doctor Carter G. Woodson como el padre de la historia afroamericana. Sin embargo, en 1926, Carter estaba solo con esta nueva idea. Tendría que abrir el camino.

Frederick Douglass

Abraham Lincoln

Sarah Breedlove

Rebecca Lee Crumpler

Peter Salem

Mary McLeod Bethune

George Washington Carver

Lewis Latimer

Ida B. Wells

Sojourner Truth

W. E. B. Du Bois

Tenía que propagar su idea en una época en la que no había computadoras, Internet ni televisión. Entonces, envió folletos sobre la Semana de la Historia Negra a escuelas, universidades, iglesias y clubes de mujeres. Y, por supuesto, también envió notas a los periódicos.

29

El chico que comenzó leyéndoles el periódico a otros transformó
la manera en que la gente entendía la historia. Luchó por una
historia que se basara en la verdad e incluyera a toda la gente.

Carter G. Woodson no solo estudió historia: la cambió.

Y nosotros también podemos hacerlo.

Aprende más sobre Carter G. Woodson

Recursos en línea

National Geographic, Historia
https://www.nationalgeographic.es/historia/2020/02/carter-g-woodson-historiador-precursor-mes-historia-negra

La casa de Carter G. Woodson, Servicio Nacional de Parques
https://www.nps.gov/cawo/espanol/index.htm

Origen Ancestral Africano
https://oranaf.org/carter-g-woodson

Bibliografía

Dagbovie, Pero Gaglo. *Carter G. Woodson in Washington, D.C.: The Father of Black History.* Charleston, SC: History Press, 2014.

The Early Black History Movement, Carter G. Woodson, and Lorenzo Johnston Greene. Chicago: University of Illinois Press, 2007.

Goggin, Jacqueline. *Carter G. Woodson: A Life in Black History.* Baton Rouge: Louisiana State University Press, 1993.

*Haskins, Jim y Kathleen Benson. *Carter G. Woodson: The Man who Put "Black" in American History.* Brookfield, CT: Millbrook Press, 2000.

*McKissack, Patricia y Frederick McKissack. *Carter G. Woodson: The Father of Black History.* Berkeley Heights, N.J.: Enslow Publishers, Inc., 2002, 1991.

*McKissack, Pat. *Carter G. Woodson: Black History Pioneer.* Berkeley Heights, N.J.: Enslow Publishers, Inc., 2013.

Scally, hermana Anthony. *Carter G. Woodson: A Bio-Bibliography.* Westport, CN: Greenwood Press, 1985.

Woodson, Carter G. "My Recollections of Veterans of the Civil War." *Negro History Bulletin,* VII, febrero de 1944.

Páginas 103–104, 115–118.

*Recomendados para jóvenes lectores

Nota de la autora

"Enseñar toda la verdad nos ayudará a avanzar en dirección a una democracia real".

—Carter G. Woodson, 1944

El doctor Carter G. Woodson dedicó su vida a combatir la idea de que los afroamericanos no tenían historia. Realizó investigaciones revolucionarias e impulsó un movimiento para honrar y reconocer las contribuciones de los afroamericanos a la historia que todavía está vigente y dinámico. La organización que fundó en 1915 sigue prosperando hoy bajo el nombre de Asociación para el Estudio de la Vida y la Historia Afroamericanas (ASALH, por sus siglas en inglés). En 1976, el edificio que albergaba su casa y su oficina, en Washington, D. C., fue declarado Monumento Histórico Nacional.

El doctor Woodson nos recordó que la gente común y corriente también es parte de la historia. Él mismo recibió inspiración de sus padres y de veteranos de la Guerra Civil, como Oliver Jones. También entendió la importancia de la libertad de prensa y la necesidad de publicar más libros sobre los afroamericanos. "Pidan, sin cesar, ese tipo de libros", escribió en 1940. "Muestren que hay demanda". En su honor, en 1974, el Concilio Nacional de Estudios Sociales creó el Premio Carter G. Woodson para galardonar los libros más destacados sobre temas de estudios sociales, apropiados para jóvenes lectores, que muestren la identidad étnica de EE. UU.

El doctor Woodson también creía en "elevar el estándar de la verdad". Dijo que "solamente sobre este principio se puede construir una democracia real".

Mientras investigaba para hacer este libro, deseé que el doctor Woodson nos hubiera dejado más historias personales sobre su fascinante vida. Quizás estaba demasiado ocupado tratando de revelarle a todo el país la historia de los afroamericanos. Todavía estamos aprendiendo mucho de él.

—Deborah Hopkinson

Nota del ilustrador

Crecí en Des Moines, Iowa, en las décadas de 1960 y 1970. Aquel escenario no era precisamente lo que uno podría considerar una fortaleza de la conciencia de la cultura negra. Sin embargo, aunque no lo creas, sí había una pequeña pero activa comunidad de académicos, empresarios, artistas, poetas, escritores y activistas afroamericanos.

En la escuela no aprendí mucho sobre mi historia negra; aunque sí recuerdo haber visto de vez en cuando carteleras decoradas con imágenes e información sobre figuras como Harriet Tubman y George Washington Carver. Sin embargo, no había conversaciones ni libros significativos sobre ellos.

Lo que aprendí sobre la historia negra me llegó a través de programas del Centro para el Estudio y la Aplicación de la Teología Negra, ubicado en la esquina de la calle Once y la avenida Forest, en el corazón de la comunidad afroamericana.

La misión de ese centro era ayudar a crear en la comunidad negra conciencia de la importancia de la unión, el orgullo y la autoidentidad. Aprendimos sobre figuras históricas como Marcus Garvey, Mary McLeod Bethune, Charles Drew, Booker T. Washington y otras personalidades negras que nunca aparecían en aquellas carteleras escolares.

También nos enseñaban suajili, un idioma que se habla en África Oriental, incluyendo palabras como *Umoja* (unidad), *Kujichangulia* (autodeterminación) y *Ujima* (trabajo colectivo y responsabilidad). Celebrábamos *Kwanzaa*, una fiesta afroamericana que se lleva a cabo durante la semana que le sigue a la Navidad. Y también aprendimos sobre el significado de los colores de la bandera negra nacional: rojo, por la sangre de la gente negra; negro, por la gente negra; y verde, por la tierra y el poder.

Era un ambiente cálido y amable donde intelectuales negros, vestidos con coloridos *dashikis*, llevaban afros naturales, perfectamente esculpidos, y hablaban sobre sucesos de actualidad, deporte y política mientras jugaban ajedrez. No lo sé con seguridad, pero apostaría que aquel centro estaba inspirado en el trabajo de Carter G. Woodson.

—Don Tate

Líderes negros que aparecen a lo largo del libro

Muhammad Ali (1942–2016): atleta y activista de los derechos civiles

Reina Amina (hacia 1533–1610): reina y guerrera hausa de Zazzau (ahora, parte de Nigeria)

Marian Anderson (1897–1993): cantante y activista de los derechos civiles

Maya Angelou (1928–2014): poeta, autora y activista de los derechos civiles

Aníbal Barca (247–182 a. C.): general del ejército de Cartago (ahora, Túnez)

Mary McLeod Bethune (1875–1955): educadora y activista de los derechos civiles

Sarah Breedlove (1867–1919): empresaria, filántropa y activista, también conocida como Madam C. J. Walker

George Washington Carver (hacia 1860–1943): botánico e inventor

Shirley Chisholm (1924–2005): la primera mujer afroamericana en ser elegida congresista de EE. UU.

Joseph Cinqué (hacia 1814–hacia 1879): líder de la rebelión de africanos en el Amistad, un barco que traficaba esclavos

Rebecca Lee Crumpler (1831–1895): médica y autora

Frederick Douglass (hacia 1818–1895): abolicionista y autor

Charles Drew (1904–1950): cirujano; creador de los primeros bancos de sangre

W. E. B. Du Bois (1868–1963): historiador, autor y activista de los derechos civiles

Duke Ellington (1899–1974): compositor, músico y director de orquesta

Marcus Garvey (1887–1940): líder del Movimiento Panafricano

Frances Harper (1825–1911): abolicionista, sufragista y autora

Zora Neale Hurston (1891–1960): autora y antropóloga

Mae Jemison (1956–): ingeniera, médica y astronauta; la primera mujer afroamericana en viajar al espacio

Katherine Johnson (1918–): matemática cuyo trabajo ayudó a realizar el primer viaje espacial exitoso de EE. UU.

Colin Kaepernick (1987–): atleta y activista de los derechos civiles

Coretta Scott King (1927–2006): autora y activista de los derechos civiles

Martin Luther King, Jr. (1929–1968): pastor, autor y activista de los derechos civiles

Lewis Latimer (1848–1928): ingeniero e inventor

Edmonia Lewis (1844–1907): la primera mujer escultora afroamericana e indígena en alcanzar reconocimiento internacional

Malcolm X (1925–1965): líder religioso y activista de los derechos civiles

Elijah McCoy (1844–1929): inventor e ingeniero

Mansa Musa (hacia 1280–hacia 1337): sultán del imperio de Malí (ahora, sur de Mauritania y Malí)

Njinga de Ndongo (hacia 1583–1663): reina de Ndongo y Matamba, del pueblo mbundu (ahora, Angola)

Barack Obama (1961–): 44.º presidente de Estados Unidos

Michelle Obama (1964–): abogada, autora y ex primera dama de Estados Unidos

Jesse Owens (1913–1980): atleta ganador de cuatro medallas de oro olímpicas en pista y campo

Rosa Parks (1913–2005): activista de los derechos civiles y lideresa del boicot de autobuses de Montgomery

Peter Salem (1750–1816): soldado de la Guerra de Independencia de Estados Unidos

Dred Scott (hacia 1799–1858): esclavo que demandó sin éxito a su amo para obtener su libertad y la de su familia

Taharqa (690–664 a. C.): faraón egipcio

Sojourner Truth (hacia 1797–1883): abolicionista y sufragista

Harriet Tubman (hacia 1820–1913): abolicionista que rescató a un gran número de esclavos

Nat Turner (1800–1831): líder de una rebelión de esclavos y negros libres

Booker T. Washington (1856–1915): educador y autor

Ida B. Wells (1862–1931): periodista y activista de los derechos civiles

Phillis Wheatley (1753–1784): la primera poetisa negra en publicar un libro

Richard Wright (1908–1960): periodista y autor

Vida y logros de Carter Godwin Woodson

1875   Nace en New Canton, Virginia, el 19 de diciembre.

1892   A los diecisiete años de edad, se muda a Virginia Occidental para trabajar en minas de carbón.

1895   Comienza la secundaria, y termina en tan solo dos años.

1897   Ingresa a Berea College, en Kentucky; recibe su título profesional en 1903.

1903   Viaja a las Filipinas para trabajar como maestro.

1908   Recibe un título de maestría de la Universidad de Chicago.

1912   Se convierte en la segunda persona afroamericana (después de W. E. B. Du Bois) en recibir un doctorado de la Universidad de Harvard; y el primer hijo de esclavos en recibir un doctorado en historia.

1915   Publica su primer libro, *La educación del negro antes de 1861*; y, mientras trabajaba como maestro de secundaria en Washington, D. C., funda la Asociación para el Estudio de la Vida y la Historia Negras. Hoy, la entidad se conoce como la Asociación para el Estudio de la Vida y la Historia Afroamericanas (ASALH por sus siglas en inglés), y es la organización más antigua dedicada al estudio y la promoción de la historia negra.

1916   Publica el primer número de *La revista de la historia negra*.

1926   Instituye la Semana de la Historia Negra, a celebrarse en febrero en honor a Frederick Douglass y Abraham Lincoln, cuyos cumpleaños se conmemoran en ese mes.

1930   Continúa publicando y trabaja activamente por los derechos civiles, incluidas las actividades de la
–1950   Asociación Nacional para el Progreso de la Gente de Color en contra del linchamiento.

1950   Muere en Washington, D. C., el 3 de abril, a los setenta y cuatro años de edad.

Fuentes de las citas textuales incluidas en este libro

Pág. 11   "Nos levantábamos de la mesa…"
           Woodson, C. "And the Negro Loses His Soul", *Chicago Defender*, 25 de junio de 1932.
           Citado en *Carter G. Woodson in Washington, D.C.*, Pero Gaglo Dagbovie, pág. 34.

Pág. 12   "Soy igual a ti…"
           Dagbovie, pág. 33.

Pág. 16   "Soy un minero de carbón…"
           Dagbovie, pág. 34.

Pág. 19   "Todavía estaba dispuesto…"
           Woodson, C. "My Recollections of Veterans of the Civil War", *Negro History Bulletin*, VII,
           febrero de 1944, pág. 116.

Pág. 21   Todas las citas son de "My Recollections of Veterans of the Civil War".

Pág. 22   "Yo tenía que buscarlo…"
           "My Recollections of Veterans of the Civil War"

Pág. 23   "Mi interés por comprender…"
           "My Recollections of Veterans of the Civil War"

Pág. 27   "No hay ninguna persona que no tenga historia…"
           Dagbovie, pág. 40.

Maya Angelou

Shirley Chisholm

Muhammad Ali

Mae Jemison

Marian Anderson

Coretta Scott King

Charles Drew

Malcolm X

Zora Neale Hurston

Jesse Owens

Richard Wright

Duke Ellington

Michelle Obama

Katherine Johnson

Colin Kaepernick

Barack Obama

© 2024, Vista Higher Learning, Inc.
500 Boylston Street, Suite 620
Boston, MA 02116-3736
www.vistahigherlearning.com
www.loqueleo.com/us

© Del texto: 2019, Deborah Hopkinson

© De las ilustraciones: 2019, Don Tate

Publicado originalmente en Estados Unidos bajo el título *Carter Reads the Newspaper: The Story of Carter G. Woodson,
Founder of Black History Month* por Peachtree Publishing Company. Esta traducción ha sido publicada bajo acuerdo con
Peachtree Publishing Company.

Dirección Creativa: José A. Blanco
Vicedirector Ejecutivo y Gerente General, K–12: Vincent Grosso

Desarrollo Editorial: Salwa Lacayo, Lisset López, Isabel C. Mendoza
Diseño: Radoslav Mateev, Gabriel Noreña, Verónica Suescún, Andrés Vanegas, Manuela Zapata
Coordinación del proyecto: Karys Acosta, Tiffany Kayes
Derechos: Jorgensen Fernandez, Annie Pickert Fuller, Kristine Janssens
Producción: Thomas Casallas, Oscar Díez, Sebastián Díez, Andrés Escobar, Adriana Jaramillo, Daniel Lopera, Daniela Peláez, Daniel Tobón
Traducción: Isabel C. Mendoza

Carter lee el periódico: la vida de Carter G. Woodson, fundador del Mes de la Historia Afroamericana
ISBN: 978-1-66991-566-9

Printed in the United States of America

1 2 3 4 5 6 7 8 9 GP 29 28 27 26 25 24